Bibliographische Information Der Deutschen Bibliothek
Die Deutsche Bibliothek verzeichnet diese Publikation in der Deutschen
Nationalbibliografie; detaillierte bibliographische Daten sind im Internet
über http://dnb.ddb.de abrufbar.
Findus/ Luz Kerkeling - Kleine Geschichte des Zapatismus
1. Auflage, August 2011
ISBN 978-3-89771-041-2

© UNRAST-Verlag, Münster
Postfach 8020, 48043 Münster - Tel. (0251) 66 62 93
info@unrast-verlag.de
www.unrast-verlag.de
Mitglied in der **assoziation Linker Verlage** (aLiVe)

Umschlag: Findus
Satz: Findus
Druck: Interpress, Budapest

FINDUS | L. KERKELING

Kleine Geschichte des Zapatismus

Ein schwarz-roter Leitfaden

Der Neoliberalismus erreicht Mexiko

Der mexikanische Präsident C. Salinas de Gortari (1988-1994) forcierte mit dem Freihandelsabkommen den neoliberalen Wirtschaftskurs Mexikos, den M. de la Madrid (1982-1988) zuvor eingeleitet hatte..

Am 1. Januar 1994 trat nach mehrjährigen Verhandlungen das „Nordamerikanische Freihandelsabkommen" NAFTA zwischen Kanada, Mexiko und den USA in Kraft. Die mexikanische Regierung erhoffte sich damit eine Eintrittskarte für die „Erste Welt". Für die Arbeiterinnen und Arbeiter in allen drei Staaten bedeutete dies eine erhebliche Verschlechterung der Arbeitsbedingungen.
Öffentliche Betriebe wurden privatisiert, die Löhne sanken. Wieder einmal wurden die arbeitenden Menschen verschiedener Länder zugunsten der Unternehmen gegeneinander ausgespielt.

„¡Ya Basta!" – Aufstand in Chiapas

Tausende Kämpferinnen und Kämpfer der „Zapatistischen Armee zur nationalen Befreiung" (EZLN) hatten im Morgengrauen des 1. Januar sieben Städte im südmexikanischen Bundesstaat Chiapas besetzt. Unter der Losung „¡Ya Basta!" erklärten sie der mexikanischen Regierung den Krieg. Sie kritisierten die rücksichtslose Ausbeutung, die Konzentration der Ländereien in den Händen weniger Großgrundbesitzer, die Diskriminierung der indigenen Bevölkerungsgruppen und die Einparteienherrschaft der PRI (Institutionelle Revolutionäre Partei), die Mexiko bereits seit 1929 dominierte.

Nach wem benannten sich die Zapatistas?

Die EZLN benannte sich nach Emiliano Zapata (1879-1919), einem Freiheitskämpfer, der in der mexikanischen Revolution von 1910 konsequent für die Rechte der verarmten Landbevölkerung gekämpft hatte.

„¡Ya Basta!" Aufstand in Chiapas

Deklaration aus dem Lakandonischen Regenwald

„Heute sagen wir: Basta!
An die Bevölkerung von Mexiko:
Wir sind ein Produkt von 500 Jahren Kampf
... wir sind uns bewusst, dass der Krieg, den wir erklären, ein letztes, aber gerechtes Mittel ist. Die Diktatoren führen seit vielen Jahren einen nicht erklärten Auslöschungskrieg gegen unsere Gemeinden. Wir kämpfen für Arbeit, Land, Unterkunft, Nahrung, Gesundheit, Bildung, Unabhängigkeit, Freiheit, Demokratie, Gerechtigkeit und Frieden".

Reaktion der Regierung

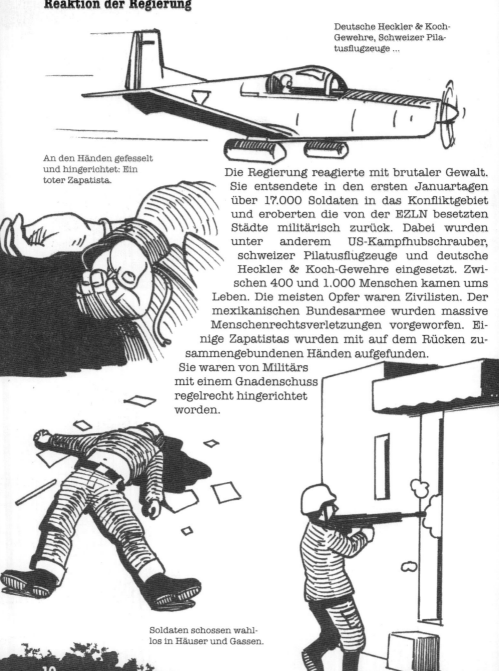

Deutsche Heckler & Koch-Gewehre, Schweizer Pilatusflugzeuge ...

An den Händen gefesselt und hingerichtet: Ein toter Zapatista.

Die Regierung reagierte mit brutaler Gewalt. Sie entsendete in den ersten Januartagen über 17.000 Soldaten in das Konfliktgebiet und eroberten die von der EZLN besetzten Städte militärisch zurück. Dabei wurden unter anderem US-Kampfhubschrauber, schweizer Pilatusflugzeuge und deutsche Heckler & Koch-Gewehre eingesetzt. Zwischen 400 und 1.000 Menschen kamen ums Leben. Die meisten Opfer waren Zivilisten. Der mexikanischen Bundesarmee wurden massive Menschenrechtsverletzungen vorgeworfen. Einige Zapatistas wurden mit auf dem Rücken zusammengebundenen Händen aufgefunden. Sie waren von Militärs mit einem Gnadenschuss regelrecht hingerichtet worden.

Soldaten schossen wahllos in Häuser und Gassen.

Reaktion der Regierung

... und US-Kampfhub-schrauber wurden gegen die Aufständigen eingesetzt.

Eine weitere Taktik der Regierung war die gezielte Verbreitung von falschen Informationen. Sie spielte die Bedeutung und das Ausmaß der Rebellion herunter und beschuldigte angebliche „Ausländer" aus Zentralamerika und mexikanische „Berufsterroristen", die Erhebung angezettelt zu haben. Dies verdeutlicht den Rassismus der mexikanischen Eliten: sie konnten sich einfach nicht vorstellen, dass die zapatistische Bewegung, die zu 99 Prozent von Menschen verschiedener indigener Bevölkerungsgruppen gebildet wird, in der Lage war, eine derartige Aufstandsbewegung zu organisieren.

Viele Medien verbreiteten unkritisch die Propaganda der Regierung.

Professionelle Gewalttäter haben unsere Indios verführt!

Die Gefangennahme des „Henkers"

Einem kleinen Kommando der EZLN gelang es in den ersten Januartagen 1994, General Absalón Castellanos auf seiner Finca in Las Margaritas ohne Blutvergießen gefangen zu nehmen. Der Militär und ehemalige Gouverneur von Chiapas war als rücksichtsloser rassistischer Großgrundbesitzer bekannt und soll für mindestens 150 Morde an politisch Andersdenkenden verantwortlich sein. Ein zapatistisches Gericht verurteilte ihn wegen Diebstahl, Vertreibung, Entführung, Korruption und Mord dazu, in einer ländlichen Gemeinde zu leben und seinen Lebensunterhalt mit körperlicher Arbeit zu verdienen.

Die Strafe wurde von den Zapatistas jedoch umgewandelt, als sich die mexikanische Bevölkerung zunehmend für Verhandlungen zwischen EZLN und Regierung aussprach. Castellanos wurde unter Aufsicht des Roten Kreuzes freigelassen und musste fortan mit der Scham leben, von denjenigen Vergebung und Güte erfahren zu haben, die er ein Leben lang erniedrigt, verschleppt, vertrieben, beraubt und ermordet hatte.

Solidarität in Mexiko und der Welt

Bereits wenige Tage nach Beginn der Rebellion der EZLN solidarisierten sich Zehntausende Menschen in Mexiko und vielen weiteren Ländern der Welt mit den Forderungen der Zapatistas nach „Land und Freiheit!". Es kam zu Demonstrationen und Besetzungen mexikanischer Botschaften und Konsulate im Ausland.

Dadurch sah sich die mexikanische Regierung gezwungen, am 12. Januar einen Waffenstillstand zu verkünden. Entmilitarisiert wurde Chiapas allerdings nicht. Die Stellungen wurden im Gegenteil weiter ausgebaut. Die EZLN ihrerseits hat seitdem keine bewaffnete Offensive mehr unternommen.

Die Demonstrantinnen und Demonstranten unterstützten die Forderungen der Zapatistas ausdrücklich, schlugen aber eine politisch-zivile Strategie vor. Die EZLN reagierte und verkündete, sie werden den Willen der Bevölkerung nach einer friedlichen Lösung respektieren und erklärte sich bereit, mit der Regierung zu verhandeln.

Transpispruch:
Schluss mit dem Massaker!

Dialog zwischen EZLN und Regierung

Am 20. Februar 1994 begannen die ersten Gespräche zwischen EZLN und Regierung in der Kathedrale von San Cristóbal de las Casas. Vermittler war Samuel Ruiz, ein bei der indigenen Bevölkerung sehr geschätzter katholischer Bischof, der ein engagierter Vertreter der Befreiungstheologie war.

Samuel Ruiz wurde für seine klare Linie zugunsten der ausgegrenzten Bevölkerung von den mächtigen Viehzüchtern und Großgrundbesitzern diffamiert, bedroht und schließlich Opfer eines Mordanschlags, den er allerdings überlebte. Weite Teile der mexikanischen Rechten beschuldigten ihn, neben städtischen Linken aus dem Umfeld der Universitäten, verantwortlich für den Aufstand der EZLN zu sein.

Dialog zwischen EZLN und Regierung

Die große Medienpräsenz ermöglichte es der 19-köpfigen Delegation der EZLN, ihre Anliegen in zahllosen Interviews weltweit bekannt zu machen. Es wurde ein 34-Punkte-Papier zwischen EZLN und Regierungsdelegation ausgehandelt, das die Zapatistas daraufhin ihren Basisgemeinden zur Diskussion übergaben, die darüber mehrere Wochen diskutierten. Die Basis lehnte die provisorischen Vereinbarungen schließlich ab und so sollten sich die Gespräche weiter in die Länge ziehen.
Während die EZLN den Waffenstillstand einhielt, zog die mexikanische Bundesarmee immer mehr Soldaten im Aufstandsgebiet zusammen.

Im Februar 1995 unternahm das Militär den Versuch, die Kommandantur der EZLN gefangen zu nehmen, obwohl die Regierung offiziell mit der EZLN verhandelte. Die Kräfte der EZLN konnten dem Angriff ausweichen. Die Aggression des Staates verursachte allerdings die Vertreibung Tausender Menschen.

Verhandlungen von San Andrés

Im weiteren Verlauf des Jahres 1995 nahmen Regierung und EZLN erneut Verhandlungen auf. Die EZLN wollte vier Themenkomplexe von mexikoweiter Relevanz bearbeiten: Indigene Rechte, Demokratisierung, Wirtschaftspolitik und Frauenrechte. In die Beratungen zu den Verhandlungen brachten sich auf Einladung der EZLN Hunderte Angehörige von Indígena-Verbänden, Frauengruppen, Gewerkschaften, Menschenrechtsorganisationen, Kirche, Wissenschaftlerinnen und Wissenschaftler sowie Juristinnen und Juristen ein. Diese breite Teilnahme verschiedener Gesellschaftssektoren überforderte die herrschende Klasse völlig – und begeisterte die sozialen Bewegungen im ganzen Land. Nach vielen Schwierigkeiten konnten am 16. Februar 1996 die so genannten „Abkommen von San Andrés" über indigene Rechte, Kultur und Autonomie unterzeichnet werden. Sie wurden von Vertretern der Exekutive, einer Kommission der Legislative und der EZLN unterzeichnet. In den Abkommen wurden durch geplante Gesetzes- und Verfassungsänderungen zentrale Forderungen der Zapatistas und der Indígena-Bewegung insgesamt verankert: Die indigenen Gemeinden sollen als kollektive Rechtssubjekte anerkannt werden, die über eine verfassungsmäßige Autonomie verfügen, welche ihnen ermöglicht, nach eigenen Regelwerken ihre Selbstverwaltung politisch, sozial und kulturell zu gestalten. Ferner sollen die Indígenas über ihre Territorien, die Naturressourcen eingeschlossen, bestimmen können. Auf eine völlig neue, basisdemokratische Art war dieses Abkommen zustande gekommen. Aber bis heute hat die Regierung die Abkommen nie eingehalten.

Landbesetzung

Seit 1994 arbeitet die zapatistische Bewegung an neuen unabhängigen Strukturen für ihre Basis. Im Zuge des Aufstands wurden zwischen 100.000 und 200.000 Hektar Land besetzt – nicht nur von den Zapatistas. Über 50 weitere kleinbäuerliche Organisationen nutzten den Schwung der Revolte, um sich Ländereien anzueignen.

Die geflohenen Großgrundbesitzer und Viehzüchter, die vor Wut kochten und die zapatistischen Comandantes und Bischof Ruiz lynchen wollten, wurden von der Regierung reich entschädigt! Um Mexiko aus den internationalen Schlagzeilen heraus zu bekommen, sollte der Ausbruch eines Bürgerkriegs der bewaffneten Banden der Reichen gegen die Zapatistas unbedingt verhindert werden – soviel zum Thema „Klassensolidarität" unter den Mächtigen...

„Nueva población Pancho Villa" heißt soviel wie „Neue Siedlung Pancho Villa" und wurde nach dem berühmten Revolutionär benannt.

Präsenz der Zapatistas in Chiapas

Im Norden, im zentralen Hochland und im Osten des Bundesstaates Chiapas liegen die zapatistischen Dörfer. Die Zapatistas haben ihr Einflussgebiet in fünf Zonen eingeteilt. Jede Zone wird von einem Rat („Junta der Guten Regierung") verwaltet, der jeweils in einem Caracol (dt. Schneckenhaus) seine Arbeit verrichtet.

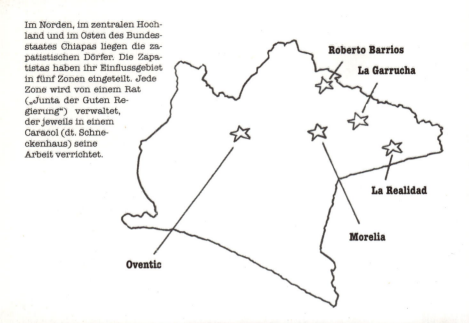

Was ist die EZLN?

Die EZLN (Zapatistische Armee zur nationalen Befreiung) ist eine linke politisch-militärische Organisation aus Chiapas, Mexiko, die am 17. November 1983 gegründet wurde. Lange Jahre arbeiteten die Männer und Frauen im Untergrund am Aufbau der EZLN, bis sie am 1.1.1994 durch ihren Aufstand globale Aufmerksamkeit erreichten. Neu an dieser Organisation und anders als bei älteren lateinamerikanischen Guerillas ist, dass die politische Leitung über der militärischen Führung steht. Das heißt, dass der militärische Teil der EZLN nur dann agieren darf, wenn die politische Leitung „grünes Licht" gibt. Zudem hat die EZLN den Anspruch, dass alle Kommandierenden die Unterstützung der zivilen Basis der Bewegung haben und jederzeit ersetzt werden können. Seit Mitte Januar 1994 schweigen die Waffen der EZLN, doch noch immer werden Zapatistas militärisch ausgebildet und noch immer gibt es bewaffnete Einheiten in den Bergen von Chiapas. Besonders bedeutsam war die Gründung der „Räte der Guten Regierung", hier hat die EZLN real viele Kompetenzen an die zivile Basis der Bewegung übergeben – ein Novum in der Geschichte bewaffneter linker Organisationen!

Basisdemokratie auf zapatistisch

Vom 8. bis 10. August 2003 feierten in Chiapas rund 20.000 Menschen die offizielle Installation der Selbstverwaltung der zapatistischen Bewegung. Die beeindruckenden Feierlichkeiten, an denen hauptsächlich Zapatistas aber auch die mexikanische und internationale solidarische Zivilgesellschaft teilnahmen, fanden in Oventik, im Hochland von Chiapas statt. Die fünf aufständischen Regionen der Zapatistas werden seitdem von fünf „Juntas der guten Regierung" – in Abgrenzung zur schlechten offiziellen Regierung – koordiniert, die dazu da sind, die Entscheidungen der jeweiligen Basis umzusetzen – getreu dem zapatistischen Motto des „mandar obedeciendo" (dt.: gehorchend Befehlen).

Funktionsträgerinnen und -träger, die im Sinne ihrer Basis unzufriedenstellend arbeiten, können – wie auch auf Gemeinde- und Landkreisebene – jederzeit abgesetzt werden. Die zentralen Aufgaben der „Juntas" sind Vermittlung bei in- und externen Konflikten, Annahme und gerechte Verteilung von Hilfsgütern, Überwachung überregionaler Projekte, Verhinderung von Korruption, Gewährleistung einer ausgewogeneren Entwicklung innerhalb der rebellischen Gebiete und Kontaktstelle für Solidaritäts- und Menschenrechtsorganisationen, Presse sowie interessierte Personen im Allgemeinen.

Basisdemokratie auf zapatistisch

Vor der Ausrufung der Juntas hatte die Bewegung mehrere Monate intensiv diskutiert, um ihre eigenen Strukturen – aber auch den Kontakt zu solidarischen Gruppen – zu verbessern. Aus den Fehlern und Irrtümern der eigenen Praxis, die die Zapatistas wie nur wenige Bewegungen öffentlich transparent machen, entstand dieser neue Schritt gesellschaftlicher Selbstorganisierung. Die Juntas, die in den fünf Logistik- und Kommunikationszentren der Bewegung ansässig sind, werden aus Delegierten der jeweils zugehörigen autonomen Landkreise gebildet und unterziehen sich regelmäßigen Rotationsprozessen. Diese fünf Zentren, bisher „Aguascalientes" genannt, ließen die Zapatistas im Rahmen der Feierlichkeiten symbolisch „sterben", um sogleich darauf die Geburt der neuen, umstrukturierten Zentren, der „Caracoles" (dt. Schneckenhaus), zu feiern.

Das Symbol Schneckenhaus wählte die Bewegung, um ihr basisdemokratisches Selbstverständnis, das durch Zuhören und kollektive Entscheidungs- und Artikulationsprozesse gekennzeichnet ist, zu versinnbildlichen. Mit dieser Erneuerung „formalisierten" die Zapatistas ihre schon seit Jahren im Aufbau befindlichen Parallelstrukturen, die v.a. die Bereiche Gesundheit, Bildung, Rechtsprechung, Landwirtschaft und Verwaltung betreffen. Diese Strukturen sollen ausdrücklich auch Nicht-Zapatistas offen stehen, solange diese die EZLN-Unterstützerinnen und Unterstützer nicht belästigen. Die Aufständischen wehren sich so weiter gegen jegliche Einverleibungsversuche des politischen Systems –

Basisdemokratie auf zapatistisch

und der Repression in den rebellischen Gemeinden geht die Selbstorganisierung unter großen Mühen erfolgreich voran. Die EZLN als politisch-militärische Organisation trat nun noch weiter zur Seite, die Gemeinden verwalten sich noch stärker autonom, und nur bei gravierenden Abweichungen von der zapatistischen Ethik will sich die politische Leitung der EZLN, die Comandancia (die aus über 100 Personen besteht, die über hohes Ansehen in ihrer jeweiligen Herkunftsregion verfügen), in die Arbeit der Juntas einbringen. Die EZLN, die seit Mitte Januar 1994 nicht mehr militärisch agiert hat, gab in diesem Kontext auch bekannt, dass sie ihre Kontrollposten zurückgezogen hat und nur noch bei Holz- und Drogenschmuggel bzw. im Falle von Angriffen auf ihre Gemeinden aktiv werden will.

Doch die politische Offensive der Zapatistas stieß und stößt nicht nur auf Gegenliebe: Immer wieder beklagen zapatistische Gemeinden die Zunahme militärischer und paramilitärischer Aktivitäten, auch konkrete Morddrohungen werden immer wieder ausgesprochen. Die Zapatistas haben mit ihrem neuen, ehrgeizigen – aber auch mühevollen und schwierigen – Projekt der Räteverwaltung in Teilen von Chiapas bewiesen, dass soziale Alternativen auch im Zeitalter einer aggressiven kapitalistischen Globalisierung möglich sind. Sie riefen Mexiko und die Welt dazu auf, ihrem Beispiel der Selbstverwaltung – je nach den örtlichen und sozialen Gegebenheiten – auf eigene Weise zu folgen. Die Zapatistas haben der Linken so ein weiteres Mal vor Augen geführt, dass die Staatsmacht nicht übernommen werden muss, um die Welt zu verändern.

Struktur einer Zone

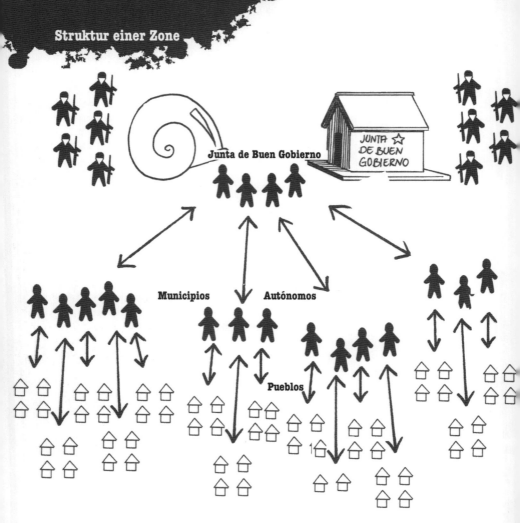

Das Organigramm verdeutlicht die Struktur einer von fünf zapatistischen Zonen. Die Basis bilden die Dörfer („pueblos"), die sich zu autonomen Landkreisen („municipios autónomos") zusammenschließen. Mehrere autonome Landkreise wiederum organisieren sich in einer Zone, die vom Rat der Guten Regierung („Junta de Buen Gobierno") koordiniert wird. Die EZLN ist praktisch zur Seite getreten, organisiert die sicherheitsrelevanten Arbeiten und steht für den militärischen Ernstfall bereit. Zudem vertreten die Comandantes und Comandantas die Bewegung nach außen und wachen über die Einhaltung der zapatistischen politischen Ethik. Alle Vertreterinnen und Vertreter der Bewegung können jederzeit abgesetzt werden.

Massaker von Acteal

Am 22. Dezember 1997 erreichte die Repression gegen die sozialen Bewegungen in Chiapas einen ihrer Höhepunkte: Im Hochland-Dorf Acteal wurden 45 Frauen, Kinder und Männer von Paramilitärs ermordet. Polizei und Militär hätten während des stundenlangen Massakers eingreifen können, verließen jedoch nicht ihre Posten. Die Opfer gehörten der christlich-gewaltfreien Gruppe „Las Abejas" (dt.: die Bienen) an, die den Forderungen der EZLN nahe steht. Wenig später stellte sich heraus, dass führende lokale PRI-Politiker und Sicherheitskräfte an der Planung und Durchführung des Massakers beteiligt waren. Die Menschenrechtsorganisationen sind sich sicher, dass das Massaker von höchsten staatlichen Stellen unter Förderung des damaligen Präsidenten Ernesto Zedillo geplant wurde. Aussagen von Ex-Kommandeuren der verantwortlichen Paramilitärs bestätigen dies.

Dieser Staatsterror, der kein offener Bürgerkrieg ist, wird als „Krieg niedriger Intensität" bezeichnet.

Der Kampf der zapatistischen Frauen

Die Frauen haben eine enorme Arbeitsbelastung: Sie kümmern sich um die Kinder, sie holen Wasser, sie versorgen die Tiere und halten die Hütten sauber. Sie stehen jeden Tag gegen 4 Uhr auf, um für die ganze Familie Tortillas (Maisfladen) zu machen, sie helfen bei der Feldarbeit und verkaufen die kleinen Überschüsse ihrer Agrarproduktion auf den Märkten.

Im Zuge der Rebellion der EZLN organisierten sich die Frauen. Sie kämpfen gegen Unterdrückung, Bevormundung und Diskriminierung – auch gegen Zwangsheirat und Machismo in den eigenen Reihen – und für ihr Recht, auf allen Ebenen an der Bewegung mitmachen zu können. Bereits 1993 verabschiedeten sie das Revolutionäre Frauengesetz. Die Frauen engagieren sich z.B. im Bereich der eigenen Radios, der Kleintierzucht oder des Kunsthandwerks und bauen dazu Kooperativen auf. Inzwischen bekleiden sie auch zahlreiche Funktionen in der EZLN und der zivilen Verwaltungsstruktur der Bewegung oder arbeiten im Gesundheits- und Bildungsbereich. Die Frauen konnten bereits viele Erfolge erringen, aber es fehlt noch viel, bis von wirklicher Gleichberechtigung gesprochen werden kann.

Revolutionäres Frauengesetz
von 1993

„**Erstens.** Frauen haben, unabhängig von Glauben, Hautfarbe oder politischer Orientierung, das Recht, sich am revolutionären Kampf an der Stelle und in dem Ausmaß zu beteiligen, wie ihr Wille und ihre Fähigkeit es erlauben.
Zweitens. Frauen haben ein Recht auf Arbeit und auf eine gerechte Entlohnung.
Drittens. Frauen haben das Recht, zu entscheiden, wie viele Kinder sie bekommen und aufziehen können.
Viertens. Frauen haben das Recht, sich an den die Gemeinden betreffenden Angelegenheiten zu beteiligen und öffentliche Posten zu bekleiden, wenn sie dazu frei und demokratisch gewählt worden sind.
Fünftens. Frauen und ihre Kinder haben das Recht, bei Gesundheitspflege und Ernährung an erster Stelle berücksichtigt zu werden.
Sechstens. Frauen haben ein Recht auf Bildung.
Siebtens. Frauen haben ein Recht, ihren Partner frei zu wählen und nicht zur Heirat gezwungen zu werden.
Achtens. Keine Frau darf geschlagen oder körperlich misshandelt werden. Verbrechen wie versuchte oder vollzogene Vergewaltigung werden schwer bestraft.
Neuntens. Frauen können Führungspositionen in der Organisation1 und militärische Grade in den revolutionären Streitkräften bekleiden.
Zehntens. Frauen kommen in den Genuss aller Rechte und Pflichten, die in den revolutionären Gesetzen und Vorschriften vorgesehen sind."

1. Frauentreffen

Zum Jahreswechsel 2007/2008 luden die Zapatistinnen zum „1. Treffen der zapatistischen Frauen mit den Frauen der Welt" ein, an dem über 3.500 Personen teilnahmen. Sie berichteten über ihr Leben vor und nach dem Aufstand der EZLN. Es gab einen intensiven Austausch, sowohl über die Probleme als auch über die Errungenschaften der Frauen.

> Bevor es die EZLN gab, wurden die Männer und Frauen vom Großgrundbesitzer sehr schlecht behandelt. Die Frauen wurden überhaupt nicht respektiert.

> Sogar unsere Eltern sagten, dass wir Frauen nichts wert seien.

> So einfach kriegt man die Indios unter Kontrolle!

Drogenverbot

Eine weitere zentrale Bestimmung stellt das strikte Drogen- und Alkoholverbot in zapatistischen Gebieten dar, welches ebenfalls von den Frauen durchgesetzt werden konnte. Alkohol dient zum einen als ein Mittel, das von finqueros (dt.: Großgrundbesitzer) auf ihren Plantagen zur Schaffung eines Abhängigkeitsverhältnisses und somit zur Kontrolle genutzt wird. Viele Frauen kritisierten ferner, dass ihre Männer das wenige Geld, das den Familien zur Verfügung stand, für Alkohol ausgaben und dadurch keinen „klaren Kopf" für die Rebellion hatten. Zudem leiden viele Frauen unter ihren durch den Alkohol aggressiven Männern und werden Opfer familiärer Gewalt.

Bildung

Viele Menschen in Chiapas hatten bis 1994 kaum eine Chance auf Schulbildung. Die meisten konnten nicht einmal die Grundschule abschließen. Auch heute ist der Schulbesuch nicht allen Kindern möglich. Doch der Zugang zur Bildung hat sich in den zapatistischen Dörfern deutlich verbessert. Die alte staatliche Schule hat die Kinder dazu gedrängt, ihre indigene Herkunft zu verleugnen und sich dem mestizischen Lebensstil anzupassen. Heute wird sowohl die jeweils lokale indigene Sprache als auch Spanisch unterrichtet.

Die Unterrichtsmethoden und Materialien sind in den zapatistischen Regionen durchaus unterschiedlich. Gemeinsam ist ihnen die Beteiligung der Bevölkerung bei der Bestimmung der Lehrinhalte. So wie im Gesundheitsbereich wird auch die Tätigkeit im Bildungssektor von Promotorinnen und Promotoren als unbezahlte Gemeinschaftsarbeit geleistet. Sie verstehen sich weniger als „Lehrerinnen" und „Lehrer", sondern vielmehr als „Partnerinnen" und „Partner" der Kids und legen großen Wert auf Abwechselung...

Heute können uns die Kaffeezwischenhändler nicht mehr bescheißen..

... denn wir verstehen jetzt jedes Wort und können besser rechnen als die!"

Gesundheit

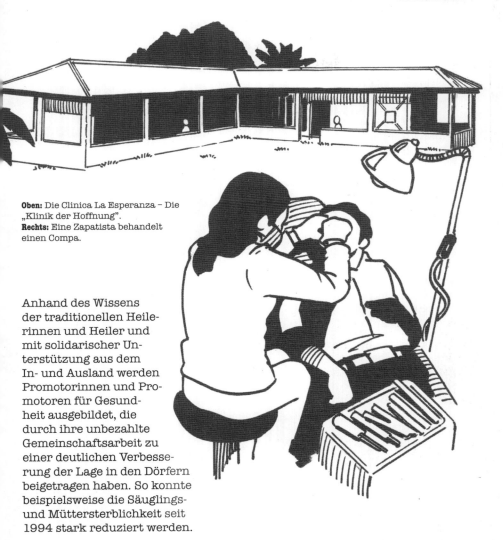

Oben: Die Clinica La Esperanza – Die „Klinik der Hoffnung".
Rechts: Eine Zapatista behandelt einen Compa.

Anhand des Wissens der traditionellen Heilerinnen und Heiler und mit solidarischer Unterstützung aus dem In- und Ausland werden Promotorinnen und Promotoren für Gesundheit ausgebildet, die durch ihre unbezahlte Gemeinschaftsarbeit zu einer deutlichen Verbesserung der Lage in den Dörfern beigetragen haben. So konnte beispielsweise die Säuglings- und Müttersterblichkeit seit 1994 stark reduziert werden.

Die Gemeinden setzen dabei vor allem auf Präventivmaßnahmen wie Hygiene und gesunde Ernährung. Neben der Verwendung klassischer, chemisch hergestellter Medikamente bemühen sich die Promotorinnen und Promotoren, die traditionelle pflanzliche Heilkunde wieder zu beleben und auszubauen.

Justiz

Rechtliche Fragen werden in den zapatistischen Gemeinden – wie in vielen anderen indigenen Gemeinschaften – möglichst vor Ort auf Dorfebene geklärt. Meist versucht ein Ältestenrat, im Einvernehmen mit Täter- und Opferfamilie zu einer Übereinkunft zu kommen. Ist dies nicht möglich, werden die Probleme auf Landkreisebene besprochen. Wenn es auch dort zu keiner Einigung kommt, werden als letzte Instanz die Räte der Guten Regierung angesprochen.

Die zapatistische Justiz sucht im Gegensatz zur westlichen Variante kaum nach Bestrafung, sondern eher nach Wiedergutmachung

Justiz

und Wiedereingliederung der Menschen, die die Regeln verletzt haben. Es gibt kleine Gefängniszellen, die meist als Ausnüchterungszellen fungieren, wenn sich mal wieder ein Compañero (meist sind es Männer) betrunken hat. Häufig werden die Täterinnen und Täter zu Gemeinschaftsarbeit verpflichtet, vor allem zu Instandhaltungsarbeiten wie z.B. der Reinigung des Dorfplatzes. Nachts schlafen sie dann für einige Tage oder Wochen in den Zellen. Freikaufen ist nicht möglich. Damit will die EZLN auch verhindern, dass sich Dorfvorsteher während ihrer Amtszeit die Tasche mit Kautionen füllen, wie es vielfach in Regierungsgemeinden geschieht.

Was bei schweren Vergehen passiert, illustriert eine immer wieder gehörte Erzählung: Ein Mörder wurde von einem zapatistischen Rat dazu verurteilt, bis zu seinem Lebensende die Felder der Familie des Ermordeten mit zu bearbeiten. „Hätten wir ihn zu einer lebenslangen Haftstrafe verurteilt, wären ja zwei Familien verwaist", so der Rat in seiner Begründung.

Interessant ist, dass auch sehr viele Nicht-Zapatistas die Räte der Guten Regierung aufsuchen, um sich Schiedssprüche einzuholen – die sie dann auch akzeptieren. Denn viele staatliche Behörden lassen sich nicht einmal dazu herab, die „gemeine Bevölkerung" anzuhören, wenn die Leute nicht zuvor ein gesalzenes Schmiergeld hinblättern. Die Seriösität der zapatistischen Gremien ist daher ein für den mexikanischen Staat „schwer verdaulicher Affront"... und weiterhin halten sich viele Menschen in Chiapas an die Beschlüsse der autonomen Verwaltung.

Links: Der Ältestenrat tagt.
Rechts: Häufig werden die Täterinnen und Täter zu Gemeinschaftsarbeit verpflichtet.

Alternative Ökonomie

Die Zapatistas bemühen sich darum, konsequent mit der alltäglichen kapitalistischen Ausbeutung zu brechen, stoßen dabei aber immer wieder an ihre Grenzen, denn die globalen politisch-wirtschaftlichen Strukturen, Akteure und Abläufe sind äußerst mächtig. Den globalen Kapitalismus können die Zapatistas allein nicht bezwingen, wie sie immer wieder betonen, sie schlagen daher eine weltweite Vernetzung von unten vor.

Auch die lokalen Strukturen in Chiapas, die häufig von lokalen Machthabern, der Regierung und Großkonzernen dominiert werden, erschweren ein Vorankommen der zapatistischen Vision von einer von Ausbeutung befreiten Gesellschaft. Nichtsdestotrotz ist ihr alltäglicher Widerstand bis heute wichtig und wirkungsvoll:

Denn im Gegensatz zu den Menschen in den „entwickelten" Ländern produzieren die Zapatistas einen bedeutenden Teil ihrer Grundnahrungsmittel wie Bohnen und Mais auf ihren eigenen Feldern in Subsistenzwirtschaft (Selbstversorgung). Sie kontrollieren ihre Produktionsmittel, vor allem ihre Ländereien. Sie sind aber freilich auch auf Industrieprodukte und Dienstleistungen (z.B. Öl, Waschmittel, Werkzeuge, Strom oder Transport) angewiesen. Daher haben die Zapatistas verschiedene Arbeitsgruppen und Genossenschaften gegründet, darunter Garten-, Kunsthandwerk-, Back- und Kleintierzucht-

Alternative Ökonomie

kollektive unter den zapatistischen Frauen oder Kaffee-, Schuhproduktions- und Transportkooperativen unter allen Angehörigen der Bewegung, um ein wenig Geld zu verdienen. Die katastrophale Armut auf dem Land – eine direkte Folge des neoliberalen „Freihandels" – zwingt auch immer wieder Menschen, aus Chiapas weg zu gehen, um in anderen Regionen Mexikos oder in den USA Geld zu verdienen.

Trotz all' ihrer Unzulänglichkeiten ist die zapatistische Alternativwirtschaft äußerst interessant, denn im Unterschied zur Lebensrealität in den wohlhabenden Ländern, muss im rebellischen Gebiet der EZLN noch lange nicht alles mit Geld abgegolten werden: Die bewegungsinternen Bedürfnisse wie Bildung, Gesundheit, Verwaltung oder Rechtsprechung werden durch unbezahlte Gemeinschaftsarbeit sichergestellt. Dies schafft eine gewisse Unabhängigkeit vom Geldkreislauf und stärkt die basisdemokratischen Prozesse in den Dörfern und Regionen der Zapatistas.

In der Zukunft hoffen die Zapatistas, ihre Handelsbeziehungen mit anti-kapitalistischen Gruppierungen in Mexiko und weltweit ausbauen zu können; kein einfaches Unterfangen in einer Welt, in der sich (fast) alles ums leidige Geld dreht...

Autonome Kaffeeproduktion

Hunderte zapatistische Familien haben sich in mehreren Genossenschaften organisiert, um ökologisch oder umweltschonend angebauten Kaffee für den solidarischen Handel zu produzieren. Sie verkaufen direkt an Kollektive in Europa und umgehen so die Zwischenhändler. Die Familien erhalten auf diese Weise einen gerechteren Preis für ihr Produkt. Ein wichtiger Bestandteil ist, dass ein Teil von den Verkaufseinnahmen aus Europa in Projekte wie Schulen und Kliniken zurück fließt, die der gesamten Bewegung zu Gute kommen.

Der Kaffee-Anbau ist extrem arbeitsaufwendig und die internationale Vermarktung nicht einfach. Hier müssen sich die Kaffee-Produzentinnen und -produzenten – auch die Zapatistas – den üblichen Regeln des Marktes anpassen. Der Zusammenschluss zu Genossenschaften ist den Zwischenhändlern und den Kaffeekonzernen ein Dorn im Auge. Daher wird immer wieder versucht, die Genossenschaften mit kapitalistischen Tricks anzugehen: klassische Zwischenhändler holen den Kaffee direkt vor der Haustür der Leute ab und zahlen im Auftrag der Konzerne hohe Preise, um so zu verhindern, dass sich die Genossenschaftsidee ausweitet bzw. um den Genossenschaften direkt zu schaden. „Verkauf lieber schnell und bequem an mich", so das Motto der Profiteure.

Denn normalerweise bringen die Kooperativenangehörigen ihre Ernte zu Sammelstellen und bekommen einen ersten Anteil aus dem vorgestreckten Geld der Verkaufskooperativen aus Europa. Wenn der Kaffee schließlich in Europa ankommt und komplett bezahlt wird,

Autonome Kaffeproduktion

bekommt die Kooperative das restliche Geld und gibt schließlich, nachdem sie ihre interne Abrechnung gemacht hat, einen weiteren Anteil an die Familien der Genossenschaften.

Für einige Zwischenhändler, in Mexiko „coyotes" (dt. Kojoten) genannt, lohnt es sich offensichtlich, eine gewisse Zeit mehr zu bezahlen und so Probleme in den Genossenschaften zu verursachen oder die Produzentinnen und Produzenten zum „Desertieren" zu bewegen.

Nichtsdestotrotz ist zapatistischer Kaffee weiterhin in einigen Ländern der Welt zu erhalten, da sich seit Ende der 1990er Jahre verschiedene solidarische Kollektive gegründet haben, die den rebellischen Kaffee aus Chiapas in ihre Ländern importieren und vertreiben. Auch die Arbeit dieser Kollektive ist schwierig und anstrengend. Doch sie lohnt sich, denn dieser „Kaffee für den täglichen Aufstand" hat Weltklassequalität, er ist lecker und sehr beliebt...

Rückblick – Kämpfe um Freiheit

Seit Jahrtausenden kämpfen die Menschen im heutigen Mexiko für ihre Freiheit. Schon im vorkolumbianischen Zeitalter existierte viel Ausbeutung und Unterdrückung. Doch die conquista (dt.: Eroberung) verschärfte die Situation dramatisch: 1519 wurde das Land von den Schergen des spanischen Königs unter Hernán Cortés brutal erobert, auf der Suche nach Edelmetallen, anderen Reichtümern und der Ausbeutung der Arbeitskraft der dort lebenden Menschen. In den ersten 30 Jahren sollen bis zu 19 Millionen Indigene durch Waffengewalt, extreme Überarbeitung und eingeschleppte Krankheiten ums Leben gekommen sein.

Die folgenden Jahrhunderte waren von der Vorherrschaft der weißen Minderheit geprägt. Viele Indigene und Mestizinnen und Mestizen (Nachkommen der indigenen Bevölkerung und der europäischen Eroberer) mussten in sklaverei-ähnlichen Zuständen leben. Um 1810 begannen entschlossene Kämpfe um die Unabhängigkeit von der spanischen Krone, die 1821 gewonnen werden konnten. Kaiserreich, Republik, wieder Kaiserreich und schließlich Diktatur folgten aufeinander – von sozialer Gerechtigkeit für die 'einfachen Leute' konnte in keinem Falle die Rede sein.

Revolution 1910

1910 brach schließlich die Mexikanische Revolution aus, eine hoch komplizierte Angelegenheit, bei der verschiedenste Bevölkerungsgruppen wie Bäuerinnen und Bauern, Arbeiterinnen und Arbeiter, Kleinbürgertum und mexikanische Unternehmerinnen und Unternehmer mit jeweils eigenen Interessen gegen die brutale Diktatur von Porfirio Díaz kämpften, der Mexiko von 1876 bis 1910 mit einer kleinen Clique dominiert und die Ausbeutung der Naturressourcen, darunter das Öl, an ausländische Unternehmen übergeben hatte.

Links: Diktator Porfirio Díaz. Er konnte schließlich aus dem Land gejagt werden.

Unten: Berittene zapatistische Truppe.

Land und Freiheit

Die radikaleren Kräfte versammelten sich um Francisco Villa und Emiliano Zapata (Bild unten), die bewaffnete Guerilla-Einheiten in Nord- und Zentralmexiko gegen die Regierungstruppen anführten und so einen bedeutenden Beitrag zum Sturz der Diktatur leisteten. Das Land sollte den Menschen gehören, die es bearbeiten. Dazu hatte Zapata die zentrale Forderung der anarchistischen Bewegung um Ricardo Flores Magón (rechts) – „Land und Freiheit!" – für seine Basis übernommen.

Magón (1874-1922) war seiner Zeit weit voraus, er sah einerseits in der basisdemokratischen Praxis vieler indigener Gemeinden eine befreiende Perspektive, wies aber auch immer wieder auf die Notwendigkeit der Einheit der Arbeiterinnen und Arbeiter von Stadt und Land hin.

Villa und Zapata erreichten beachtliche Etappenerfolge und um 1915 lag der Bundesstaat Morelos in den Händen der indigenen Landbevölkerung, die dort eine kurze Zeit in friedlicher Selbstverwaltung leben konnte.

Jetzt können wir endlich unsere Felder bestellen

Herrschaft der PRI

Wie schon zuvor brachten die breiten Massen der Bevölkerung, die ländlich und indigene Bevölkerung sowie das Proletariat die größten Opfer, ohne angemessen davon zu profitieren. Die rebellischen Frauen leisteten einen wichtigen Beitrag in den Befreiungskriegen und kämpften z.T. auch in bewaffneten Milizen.

Erst ab 1920 endeten die bürgerkriegsähnlichen Auseinandersetzungen. 1917 wurde eine neue Verfassung proklamiert, die auf dem Papier sehr fortschrittlich war. Viele der dort festgeschriebenen Rechte wie Gewerkschaftsfreiheit, freie Bildung und eine echte Landreform wurden allerdings nicht durchgesetzt, so dass für viele Menschen die Revolution trotz gewisser Zugeständnisse an die unteren Bevölkerungsschichten bis heute als unvollendet gilt.

Die Institutionelle Revolutionäre Partei PRI baute einen schlagkräftigen Machtapparat auf, der eine wirkliche soziale Umgestaltung von unten verhinderte und Mexiko über 70 Jahre – Weltrekord! – beherrschte. Auch andere etablierte Parteien wie die PAN setzten sich vor allem für die Interessen der Eliten aus Staat, Privatwirtschaft und Kirchen ein.

Daher kämpfen heute viele soziale Organisationen weiterhin für die Ideale der sozialrevolutionären Bewegungen um Magón, Villa und Zapata.

Die Erzählungen der Zapatistas ...

Die besondere Sprache, die augenzwinkernde Selbstkritik und der Humor der zapatistischen Bewegung waren ein wichtiges Mittel, um ihren Kampf in unterschiedlichsten Kreisen bekannt zu machen – hören wir mal rein...

Die Geschichte von Durito
Von Subcomandante Marcos

Ich werde dir eine Geschichte erzählen, die mir neulich passiert ist. Es ist die Geschichte von einem kleinen Käfer, der eine Brille trägt und Pfeife raucht. Ich lernte ihn kennen, als ich eines Tages gerade auf der Suche nach meinem Pfeifentabak war, diesen aber nicht fand. Plötzlich sah ich, dass neben meiner Hängematte ein wenig Tabak zu Boden gefallen war und eine kleine Linie bildete. Ich folgte ihr, um zu sehen, wo mein Tabak war, und herauszufinden, wer verdammt ihn genommen hatte und nun verstreute. Nach ein paar Metern traf ich hinter einem Stein auf einen Käfer, der an einem kleinen Schreibtisch saß, einige Papiere las und eine winzige Pfeife rauchte.

„Ahem, ahem", hüstelte ich, damit der Käfer meine Anwesenheit bemerkte, aber er beachtete mich nicht. Also sagte ich: „Hören Sie, das ist mein Tabak!"
Der Käfer setzte die Brille ab, musterte mich von oben bis unten und antwortete verärgert: „Bitte, Offizier, seien Sie so gut und unterbrechen Sie mich nicht. Sehen Sie nicht, dass ich beschäftigt bin?"
Ich war ein wenig überrascht und wollte schon nach ihm treten, aber dann besann ich mich und setzte mich neben ihn, um zu warten, bis er mit seiner Lektüre fertig war. Nach einer Weile sammelte er seine Zettel ein, verwahrte sie in seinem Schreibtisch und wandte sich an mich, wobei er an seiner Pfeife kaute: „So, jetzt ja: Womit kann ich Ihnen dienen, Offizier?"
„Mein Tabak", antwortete ich.

Die Erzählungen der Zapatistas ...

„Ihr Tabak? Möchten Sie, dass ich Ihnen etwas abgebe?"
Langsam wurde ich sauer, aber der kleine Käfer reichte mir mit einem seiner Beinchen den Tabakbeutel und sagte: „Regen Sie sich nicht auf, Offizier. Sie verstehen schon, man bekommt hier nirgendwo Tabak, sodass ich mich ein wenig von dem Ihren bedienen musste."
Ich beruhigte mich. Der Käfer war mir sympathisch, und so antwortete ich: „Keine Sorge. Ich habe noch mehr."
„Mmh", sagte er.
„Und Sie, wie heißen Sie?", fragte ich ihn.
„Nabukodonosor", antwortete er, „aber meine Freunde nennen mich Durito. Sie können Durito zu mir sagen, Offizier."
Ich bedankte mich für die Ehre und fragte ihn, welchen Studien er sich denn widme.
„Ich beschäftige mich mit dem Neoliberalismus und seiner Strategie der Dominanz über Lateinamerika", antwortete er.
„Und wozu ist das für einen Käfer wichtig?", fragte ich.
Er antwortete mir höchst verärgert: „Wie wozu? Ich muss wissen, wie lange Ihr Kampf dauern wird und ob Sie gewinnen werden oder nicht. Außerdem muss ein Käfer den Zustand der Welt kennen, in der er lebt, oder nicht, Offizier?"
„Ich weiß nicht", sagte ich. „Aber warum wollen Sie wissen, wie lange unser Kampf dauern wird und ob wir gewinnen werden oder nicht?"
„Nun, anscheinend haben Sie gar nichts verstanden", sagte er, setzte sich die Brille auf und zündete seine Pfeife an. Nachdem er eine Rauchwolke in die Luft gepustet hatte, fuhr er fort: „Um zu wissen, wie lange wir Käfer noch aufpassen müssen, dass Sie uns nicht mit Ihren riesigen Stiefeln zertreten."
„Ah!", sagte ich.
„Mmh", sagte er.
„Und zu welchem Ergebnis sind Sie bei Ihrer Untersuchung gekommen?", fragte ich.

Die Erzählungen der Zapatistas ....

Er zog die Papiere aus seinem Schreibtisch und begann, darin zu blättern. „Mmh ... mmh", sagte er immer wieder, während er sie durchsah. Als er damit fertig war, schaute er mir in die Augen und sagte: „Sie werden gewinnen."
„Das wusste ich bereits", antwortete ich, und fügte hinzu: „Aber wie lange wird das dauern?"
„Lange", sagte er und seufzte resigniert.
„Auch das wusste ich bereits ... aber wissen Sie nicht, wie lange genau?", fragte ich.
„Das kann man nicht so genau wissen. Viele Faktoren spielen dabei eine Rolle: die objektiven Bedingungen, die Reife der subjektiven Bedingungen, die Korrelation der Kräfte, die Krise des Imperialismus, die Krise des Sozialismus, und so weiter und so fort."
„Mmh", sagte ich.
„Woran denken Sie, Offizier?"
„Ach, an nichts", antwortete ich. „Nun, Herr Durito, ich muss leider gehen. Es war sehr nett, Sie kennenzulernen. Sie sollen wissen, dass Sie sich Tabak nehmen können, soviel und wann es Ihnen beliebt."
„Danke, Offizier. Du kannst mich auch duzen, wenn du möchtest", sagte er.
„Danke Durito. Ich werde gleich meinen Compañeros sagen, dass es verboten ist, auf Käfer zu treten. Ich hoffe, das hilft."
„Danke, Offizier. Dein Befehl wird uns von großem Nutzen sein."
„Wie auch immer, geben Sie trotzdem gut auf sich acht, denn meine Jungs haben ziemlich viel im Kopf und passen nicht immer auf, wohin sie ihren Fuß setzen."
„Das werde ich tun, Offizier."
„Bis dann."
„Bis dann. Und komm vorbei, wann du magst, damit wir uns unterhalten."
„Das werde ich tun", sagte ich und zog mich in Richtung Quartier zurück

QUELLE: Die Anderen Geschichten, Münster, Unrast-Verlag 2010, S. 41-45

Medienguerilla

Die EZLN hat nach eigenen Angaben auf Druck der Zivilbevölkerung schnell den bewaffneten Weg verlassen und hat seitdem vor allem als „Medienguerilla" Schlagzeilen gemacht. Schon Mitte der 1990er Jahre, lange vor der facebook- und twitter-Zeit, haben die Zapatistas das Internet zu nutzen gewusst, um die Gewalt der Regierung einzudämmen, die eigenen Inhalte unzensiert zu vermitteln und zur mexikoweiten und globalen Vernetzung sozialer Bewegungen aufzurufen. Was die auch „Cyberguerilla" genannte Bewegung auf weltweitem Niveau durch das Internet schaffen konnte, erreichten die Zapatistas ab 2004 über freie Radios in ihrem Einflussgebiet in Chiapas. Viele Menschen konnten nun zum ersten Mal in ihrem Leben regierungsunabhängige Nachrichten in ihrer indigenen Sprache hören und sich auch selbst an der Gestaltung der Radio- programme beteiligen. Die unkonventionelle Sprache der EZLN, die zahlreichen Mobilisierungen, die großen Treffen und die Basisbefragungen haben es darüber hinaus ermöglicht, ihre Forderungen in Mexiko und der Welt zu verbreiten und gleichzeitig andere Bevölkerungsgruppen einzubeziehen.

Warum bloß immer diese Vermummung?

Nun, dass die Zapatistas in der Öffentlichkeit und vor der Presse immer mit schwarzen Ski-Masken – den sogenannten Pasamontañas – oder mit vorgebundenen Halstüchern auftreten, hat gute Gründe. Die Masken dienen als Schutz vor Verfolgung durch Großgrundbesitzer, Paramilitärs und die Sicherheitskräfte der Regierung. Gleichzeitig symbolisieren sie den gemeinschaftlichen Widerstand. Denn erst seitdem die Zapatistas mit verhüllten Gesichtern auftreten, hört ihnen die mexikanische Gesellschaft zu.

Intergalactico – Eine „Internationale der Hoffnung"

Im Juli 1996 organisierte die EZLN das erste „Intergalaktischen Treffen gegen den Neoliberalismus und für die Menschheit" in dem Ort La Realidad (dt.: Die Realität) in dem von ihr kontrollierten Regenwaldgebiet in Chiapas. In ihrer „Ersten Erklärung aus La Realidad" bezeichnete die EZLN den neoliberalen Kapitalismus als das modernisierte und umbenannte „historische Verbrechen der Privilegien, Reichtümer und Straffreiheiten". Sie rief alle ausgegrenzten und benachteiligten Menschen dazu auf, sich zu organisieren und auszutauschen.
An dem Treffen beteiligten sich über 3.000 solidarische Menschen aus über 40 Staaten und allen fünf Kontinenten der Erde. Das einwöchige Treffen wurde gemäß der zapatistischen Vorschläge von den Teilnehmerinnen und Teilnehmern als eine Gelegenheit verstanden, „ein kollektives Netz aller unserer spezifischen Kämpfe und Widerständigkeiten" zu schaffen.

Intergalactico – Eine „Internationale der Hoffnung"

In der Tat hatte die EZLN so ermöglicht, dass sich verschiedene Strömungen der lateinamerikanischen und globalen Linken zusammenfanden und miteinander Kontakt aufnahmen. Immer wieder wurde gesagt, es sei eine neue „Internationale der Hoffnung" entstanden. Dieses neue Widerstandsnetz hat eine horizontale Struktur, es gibt kein Machtzentrum, wie z.B. bei orthodoxen kommunistischen Bewegungen. Die verschiedenen Gruppen und Bewegungen sollen unabhängig handeln können.

Viele Gruppen, die heute als „Globalisierungsgegnerinnen" und „Globalisierungsgegner" bezeichnet werden und sich gegen die negativen sozialen und ökologischen Auswirkungen der kapitalistischen Globalisierung engagieren, sind von diesem „Intergalaktischen Treffen" inspiriert worden und berufen sich auf das zapatistische Politikverständnis; so lautet ein zentrales Motto „Alles für alle". Die EZLN wird als bedeutende Mitinitiatorin der antineoliberalen Proteste der vergangenen Jahre betrachtet.

Darüber hinaus sind in vielen Ländern Lateinamerikas, Nordamerikas und Europas Solidaritätsgruppen gegründet worden, die auf der einen Seite die EZLN direkt unterstützen und Öffentlichkeitsarbeit leisten, sich dem Anspruch nach aber vor allem in emanzipatorischen Kämpfen in ihren Herkunftsregionen einsetzen.

Marsch der indigenen Würde

Nachdem Präsident Vicente Fox von der konservativ-neoliberalen Partei der Nationalen Aktion (PAN) im Dezember 2000 sein Amt angetreten hatte, kündigte die EZLN einen „Marsch für die indigene Würde" von Chiapas bis in die Hauptstadt an. In einer großen Mobilisierung sollten die Abgeordneten zur überfälligen Verabschiedung der Verträge von San Andrés motiviert werden. Die Bevölkerung wurde aufgefordert, sich an dem Friedensmarsch zu beteiligen, um ihre Solidarität zu demonstrieren und die Sicherheit der zapatistischen Delegation zu gewährleisten, die aus vier Kommandantinnen, 19 Kommandanten und dem Sprecher und militärischen Leiter der EZLN, Subcomandante Marcos, bestand.

Die Aufrufe der EZLN fanden eine enorme Resonanz. So bildete sich eine Bus-Karawane von ca. 2.000 Personen, welche die EZLN-Comandancia etwa zwei Wochen während der 3.000 Kilometer langen Reise nach Mexiko-Stadt begleiteten und pro Tag an drei bis fünf Kundgebungen der Zapatistas teilnahmen, die in den jeweiligen Städten von 3.000 bis 40.000 meist begeisterten Menschen besucht wurden und die große Sympathie für den Zapatismus in der Bevölkerung belegten. Die gesamte Infrastruktur wurde von sozialen Organisationen realisiert. Sowohl die nationale als auch die internationale Presse berichteten intensiv über den Marsch.

Marsch der indigenen Würde

In Mexiko-Stadt, wo die Karawane von etwa 200.000 Menschen begrüßt wurde, erhielten die Zapatistas schließlich das Recht, vor dem Parlament vorzusprechen. Die zentrale Ansprache der EZLN hielt Comandanta Esther, die für die Anliegen der EZLN und der indigenen Bewegung, die im Nationalen Indígena-Kongress (CNI), organisiert ist, warb und einen würdigen Platz der Indígenas in der Gesellschaft forderte.

Der kurze Kontakt mit der Regierung wurde von den Zapatistas Ende April 2001 jedoch wieder abrupt abgebrochen, da das daraufhin verabschiedete Gesetz nach Auffassung der EZLN die „verfassungsrechtliche Anerkennung der Rechte und Kultur der Großgrundbesitzer und Rassisten" bedeute.

Eine Umsetzung der Abkommen von San Andrés hätte den über 60 indigenen Bevölkerungsgruppen Mexikos u.a. eine Autonomie über ihre Ländereien ermöglicht – dies steht allerdings den kapitalistischen Interessen aus Politik und Wirtschaft komplett entgegen, die in verschiedenen indigenen Regionen Bodenschätze und die biologische Vielfalt ausbeuten wollen.

Die Andere Kampagne

Im Juni 2005 veröffentlichte die EZLN die „Sechste Erklärung aus dem Lakandonischen Urwald". Darin zog sie eine Bilanz ihrer Rebellion und kündigte eine neue Phase des politischen Kampfes an. Die Zapatistas wollen demnach in einem mehrjährigen Prozess eine landesweite außerparlamentarische Linksallianz aufbauen, um schließlich eine neue, antikapitalistische Verfassung für Mexiko zu erarbeiten und zum Wohle aller Ausgegrenzten des Landes durchzusetzen.

Die EZLN rief im Juli 2005 soziale Organisationen, marginalisierte Bevölkerungsgruppen und engagierte Einzelpersonen aus ganz Mexiko auf, bei der „Anderen Kampagne" mitzuarbeiten. Der Aufruf stieß auf relativ große Resonanz und im Juni 2006 waren bereits über 1.000 Gruppen dabei.

In Abgrenzung zu den Kampagnen der politischen Parteien nennen die Zapatistas ihre Mobilisierung die „Andere Kampagne". Den völligen Bruch mit den etablierten politischen Parteien begründen die Zapatistas damit, dass alle großen Parteien das neoliberale Projekt weiterführen und nur zugunsten privilegierter Eliten agieren.

Wir schlagen eine neue Art des Politikmachens vor und dass alle Menschen, die ausgegrenzt werden, eine neue und antikapitalistische Verfassung diskutieren und durchsetzen.

Die Andere Kampagne

Die Vielfalt des Bündnisses ist beachtlich: neben Arbeiter- und Bauernorganisationen finden sich Indígena-Zusammenschlüsse, Frauenorganisationen, Umweltgruppen, Schwulen- und Lesbenorganisationen, Netzwerke von Sexarbeiterinnen, Studierende, unabhängige Medien- und Kunstkollektive etc.
Eine Herausforderung ist allerdings die basisdemokratische Organisierung eines Netzwerks dieser Größe – ein Punkt, der seit Beginn der Mobilisierung intern diskutiert wird, denn die „Andere Kampagne" strebt eine „Andere Art des Politikmachens" ohne Mehrheitsentscheidungen oder Vorstände mit Entscheidungsbefugnissen u.ä. an.
Einige Beobachterinnen und Beobachter aus Wissenschaft und Politik, darunter der ehemalige Rektor der größten mexikanischen Universität (UNAM), Pablo González Casanova, sprechen von einem „historischen Ereignis, das weltweite Bedeutung erlangen könnte". Es handle sich um ein visionäres libertäres Projekt, das auf eine lange Zeit angelegt sei und das mit dem Vorschlag für eine neue Verfassung beginne, wobei diese kollektiv erarbeitet werde.
Aus der Perspektive von Basisbewegungen ist die „Andere Kampagne" ein besonders spannender Prozess, denn im Gegensatz zu einigen sozialen Bewegungen in Südamerika setzt sie explizit nicht auf eine Übernahme der Staatsmacht, sondern auf eine Gesellschaftsordnung, die auf Basisorganisierung aufbaut.
Der Erfolg dieser Bewegung wird in Mexiko und darüber hinaus sehr unterschiedlich bewertet. Fest steht allerdings, dass sich die Menschen „von unten" in Mexiko besser als jemals zuvor untereinander kennengelernt haben. Es wird sich zeigen, wie diese Bewegung zukünftig weiterarbeiten wird. Dies liegt am Engagement aller beteiligten Personen und Gruppen und an ihrer Fähigkeit, sich an Gemeinsamkeiten zu orientieren und unnötige Streitigkeiten zu vermeiden.

Rebellion in Oaxaca

Im Juni 2006 protestierten die Lehrerinnen und Lehrer in Oaxaca, dem Nachbarbundesstaat von Chiapas, wie seit vielen Jahren wieder einmal für bessere Bedingungen im Bildungsbereich. Doch dieses Mal reagierte die Regierung des damaligen Gouverneurs Ulíses Ruiz mit rücksichtsloser Gewalt. Das Protestcamp wurde von den staatlichen Sicherheitskräften brutal angriffen und aufgelöst. Doch weite Teile der Bevölkerung solidarisierten sich sofort mit den Lehrerinnen und Lehrern und konnten die Polizei aus Oaxaca-Stadt vertreiben.

Diese spontane Rebellion weitete sich in den folgenden Monaten aus, denn die verschiedenen Sektoren der Gesellschaft Oaxacas waren die Korruption und die massive Repression der PRI-Regierung leid. Es entstand eine breite basisorientierte Protestbewegung, die „Versammlung der Bevölkerungsgruppen von Oaxaca" (span.: APPO), die den Rücktritt des verhassten Gouverneurs forderte und eine neue Verfassung für den Bundesstaat anstrebte.

Rebellion in Oaxaca

Die Bevölkerung selbst kontrollierte über Monate die Hauptstadt und diverse Gemeinden des Bundesstaates. Die gesellschaftliche Selbstorganisation war so umfang- und erfolgreich, dass viele Beobachterinnen und Beobachter von der „Kommune von Oaxaca" sprachen. Die Menschen erkannten, dass Regierung und Stellvertretungspolitik überflüssig sind und dass es ihnen ohne den Staatsapparat besser als zuvor ging. Auch die Zapatistas solidarisierten sich mit der APPO. Natürlich gab es auch interne Konflikte, aber lange Zeit ging es überwiegend „nach vorne".

Diesen radikalen Demokratisierungsprozess konnten die mexikanischen Eliten nicht dulden, sie befürchteten ein 'Überschwappen' der Proteste auf andere Bundesstaaten. Die Politiker setzen Paramilitärs und staatliche Sicherheitskräfte ein, um den Aufstand zu zerschlagen, was schließlich im Oktober und November 2006 gelang. Gouverneur Ruiz erhielt dabei direkte Unterstützung vom damaligen Präsidenten Vicente Fox, der sich immer gerne als „großer Demokrat" präsentierte. Es gab Hunderte politische Gefangene und über 20 Tote auf Seiten der Oppositionellen. Bis heute sind viele Menschen wegen des staatlichen Terrors traumatisiert.

Nichtsdestotrotz hat die „Kommune von Oaxaca" gezeigt, wie gut soziale Selbstorganisation funktionieren kann und vielen Menschen Mut gemacht.

Die streetart war während des APPO-Aufstands ein äußerst wichtiges Kommunikationsmedium. Auf dem Bild wird Gouverneur Ulises Ruiz als „Mörder" angeprangert.

Repression in Atenco

Die Gemeinde San Salvador Atenco nahe Mexiko-Stadt ist seit Anfang dieses Jahrtausends bekannt. Als der ehemalige Präsident Vicente Fox den Bau eines großen Flughafens auf ihrem Gemeindeland ankündigte, bildete sich ein Bündnis aus den betroffenen Gemeinden zur Verteidigung ihres Ackerlandes. Die FPDT (Gemeindefront zur Verteidigung des Landes) hat ihren Boden erfolgreich verteidigt, der Flughafenbau wurde nach beeindruckenden Protesten im Jahr 2002 abgesagt. Die FPDT hat sich aber nie von diesem Etappensieg blenden lassen, sondern sich weiterhin solidarisch mit verschiedenen Bewegungen in ganz Mexiko gezeigt.

Im Mai 2006 hat sie sich mit den Blumenbäuerinnen und -bauern in der Nachbarstadt Texcoco solidarisiert. Es kam zu einer Konfrontation mit der Polizei. Am 3. Mai wurden über 200 Menschen festgenommen. Da die Aktivistinnen und Aktivisten ebenfalls Polizisten festhielten – eine gängige Protestform in Mexiko –, überfielen 3.000 Polizisten die 300 Aktivistinnen und Aktivisten in Atenco im Morgengrauen des 4. Mai.

In den zwei Tagen brutaler Repression wurden zwei Aktivisten ermordet, es gab Hunderte Festnahmen und die letzten zwölf Gefangenen sind im Juni 2010 dank einer großen Kampagne freigelassen worden. Auch wenn die Freilassung der zum Teil zu über 100 Jahren Haft Verurteilten als Sieg zu feiern gilt, kann keineswegs über Gerechtigkeit im Fall von Atenco gesprochen werden.

Die Haltung der Behörden und der Polizei bezüglich des Einsatzes, steht immer noch im Zeichen der Straflosigkeit. Zahlreiche Frauen sind bei ihrer Festnahme Opfer von Folter und sexueller Gewalt geworden. Trotz der großen Anstrengungen der Menschenrechtsorganisationen wurden bis jetzt weder Täter noch Drahtzieher bestraft.

Drogenkrieg

Der von der Regierung Calderón geführte „Krieg gegen die Drogen" hat zu einer enormen Verwahrlosung der Gesellschaft geführt: zwischen Dezember 2006 und Anfang 2011 sind in diesem Kontext über 34.000 Menschen ermordet worden – mehr als in Irak oder Afghanistan in dieser Zeit.

Der Regierung wird vorgeworfen, nicht alle Drogenkartelle gleich anzugehen, sondern einige wenige zu schonen. Es gibt auch Beweise, dass hohe Regierungsfunktionäre, Polizisten und Soldaten in das Geschäft involviert sind. Wenige Personen profitieren von dem Drogenkrieg, viele Menschen leiden. Ein Hauptprofiteur ist die Waffenindustrie der USA, denn sie „versorgt" beide Seiten mit Waffen. Auch deutsche Konzerne liefern weiterhin Waffen und Chemikalien nach Mexiko, auch sie sind Kriegsgewinnler. Es scheint keinen echten Willen zu geben, diesen Krieg zu beenden, zu viel Geld ist damit zu machen.

Neben vielen Toten, die auf Gefechte unter Dealern oder bei Auseinandersetzungen zwischen Staat und Mafia zurückzuführen sind, werden auch immer wieder soziale Aktivistinnen und Aktivisten attackiert. Die sozialen Bewegungen betrachten das Drogengeschäft als Teil des Kapitalismus, viele Kleindealer machen mangels ökonomischer Alternativen mit.

Viele Menschen im Land fordern, dass die Soldaten abgezogen werden und dass die Problematik mit vielschichtigen und nachhaltigen Maßnahmen angegangen werden, darunter Bildungs- und Arbeitsmarktinitiativen und eine Förderung der Menschenrechtsarbeit.

Die Lage ist düster. Droht eine Medien-, Militär- und Mafiadiktatur in Mexiko?

Die alltägliche Armeepräsenz fördert auch autoritär-militaristisches Denken in Teilen der mexikanischen Gesellschaft

Das Festival der würdigen Wut

Zum Jahreswechsel 2008/2009 wurde in Mexiko-Stadt und Chiapas das „Erste weltweite Festival der würdigen Wut" zelebriert. Die EZLN hatte zu einer Reihe von Treffen eingeladen, um mit insgesamt über 10.000 Menschen eine Debatte über soziale Kämpfe in Mexiko und auf globalem Niveau sowie über künftige Strategien „für eine andere Welt" zu führen. Über 285 Gruppen aus 25 Ländern nahmen teil. Darüber hinaus beteiligten sich über 100 Bands, Künstlerinnen und Künstler, Graffiti-Aktivistinnen und -Aktivisten sowie Kunsthandwerk- und Theatergruppen am Festival.

„Die vier Räder des Kapitalismus" hieß eine viel beachtete Veranstaltungsreihe bei dem Großereignis. Dort wurde sich den Themen Ausbeutung, Enteignung, Repression und Diskriminierung gewidmet. Dazu gab es offene Foren über Themen wie „Die Andere Stadt", „Die Anderen Bewegungen", „Die Andere Geschichte" oder „Die Andere Politik".
John Holloway, ein kritischer Politikwissenschaftler, rief beispielsweise dazu auf, „hier und jetzt" mit einer anderen Politik zu beginnen. Das wichtigste Ziel alternativer Bewegungen sei, sich der alltäglichen Reproduktion des Kapitalismus zu verweigern und schon jetzt „die andere Welt zu leben, die wir erschaffen wollen". Holloway appellierte an die Geschlossenheit der außerparlamentarischen Linken: „Toleranz und Anti-Sektierertum müssen das zentrale Element jeder Politik der würdigen Wut sein".
Viele Aktivistinnen und Aktivisten wiesen auf den gelungenen Austausch an der Basis hin: In Mexiko-Stadt waren 140 Informationsstände aufgebaut worden, an denen sich verschiedenste Gruppen in aller Ruhe vorstellen, gegenseitig kennenlernen und vernetzen konnten.

Das Festival der würdigen Wut

Am 31. Dezember feierte die EZLN im Caracol von Oventic mit über 5.000 Gästen und Angehörigen der Bewegung den 15. Jahrestag ihres Aufstands vom 1. Januar 1994 gegen Neoliberalismus, Rassismus, Frauendiskriminierung und Umweltzerstörung.
Comandante David betonte, dass die EZLN trotz Repression weiterhin für eine humane und gerechtere Welt kämpfe. Er bedankte sich für die Solidarität der mexikanischen und internationalen Zivilgesellschaft. Comandanta Florencia wies selbstkritisch darauf hin, dass neben Fortschritten, vor allem in den Bereichen Gesundheit und Bildung, viele Probleme noch ungelöst seien.
Subcomandante Marcos griff Mexikos Rechtsregierung unter Präsident Felipe Calderón scharf an. Deren militärisches Vorgehen gegen das Drogengeschäft sei ein „blutiger Misserfolg". Marcos vertrat die These, dass die Regierung längst vom Organisierten Verbrechen kontrolliert sei und lediglich zugunsten bestimmter Kräfte innerhalb der Drogenmafia agiere, aber nicht wirklich gegen sie.
Das Festival war von einer kämpferischen bis enthusiastischen Atmosphäre geprägt. In Chiapas wurden täglich über 2.000 Teilnehmerinnen und Teilnehmer gezählt. Viele lobten den konstruktiven Charakter des Treffens. Im Interview unterstrichen Dolores Sales aus Guatemala und Carlos Marentes aus den USA, beide vom Verband Via Campesina, der ca. 150 Kleinbauernorganisationen aus über 50 Ländern vereint, dass die Praxis der zapatistischen Autonomie eine große Inspiration für ihren Kampf sei.

Megaprojekte

Die Landbevölkerung von Chiapas und anderen Regionen Mexikos ist durch verschiedene neoliberale „Entwicklungs"-Projekte bedroht. Die Regierung treibt Autobahnbau, Monokulturen und Tourismusprojekte voran, von denen nur wenige Prozent der Bevölkerung profitieren. Viele mexikanische und transnationale Unternehmen haben es zudem auf die immense biologische Vielfalt des Lakandonischen Regenwalds, die reichen Süßwasservorkommen sowie die Bodenschätze abgesehen.
Die De-facto-Selbstverwaltung der indigenen Gemeinden, allen voran die zapatistische Bewegung, ist aus Perspektive der Eliten ein „anti-moderner" Störfaktor, den es auszuschalten gilt. So verwundert es nicht, dass immer wieder Oppositionelle kriminalisiert und eingesperrt werden und es zu schweren Menschenrechtsverletzungen bis hin zu politisch-ökonomisch motivierten Morden kommt.

Megaprojekte

Monokulturen: Ölpalmen-Plantage
Regierung und Unternehmer fördern seit einiger Zeit massiv den Anbau der Ölpalme zur Gewinnung von „Bio-Sprit". Chiapas soll Produzent Nummer 1 von ganz Mexiko werden.

Aus anderen Regionen der Welt ist bekannt, dass die Ölpalmen-Monokulturen fatale ökologische und soziale Folgen haben: Verringerung der biologischen Vielfalt, massiver Einsatz von Chemikalien, Wassermangel und Erosion sowie Vertreibung von Gemeinden und Zerstörung der kleinbäuerlich-indigenen Lebensweisen, die stark von basisdemokratischen Gemeindeprozessen und Selbstversorgungswirtschaft geprägt sind.

Megaprojekte

Autobahnen

Weitere „Entwicklungs"-Projekte, die das Leben der ortsansässigen Bevölkerung zu verschlechtern drohen, sind die neuen Autobahnen, die laut Regierung „allen zugute kommen sollen", aber kostenpflichtig sind und zynischerweise kaum Abfahrten zu den Dörfern haben. Außerdem werden die vom Bau betroffenen Gemeinden nicht angemessen befragt, obwohl Mexiko internationale Abkommen unterzeichnet und sich dazu verpflichtet hat (z.B. ILO-Abkommen 169).

Landstädte

Mit dem Vorwand, die Armut bekämpfen zu wollen, treibt die Regierung den Bau von Landstädten voran. Dort werden mehrere Dörfer unter Zwang zu neuen Kleinstädten gruppiert. Nach Aussagen von Betroffenen und nach Einschätzung unabhängiger Wissenschaftlerinnen und Wissenschaftler dienen die Landstädte hauptsächlich der sozialen Kontrolle, der Bekämpfung oppositioneller Bewegungen und der Freisetzung der ehemaligen Gemeindeländereien für wirtschaftliche Projekte.

Auf dem Weg zum Militärstaat?

Noch immer ist Chiapas der am stärksten militarisierte Bundesstaat Mexikos, mit fatalen und alltäglichen Folgen wie der Zunahme von Drogenkonsum, Umweltzerstörung, Gewalt und Prostitution. Seit 1994 sind die zapatistischen Gemeinden von der Armee umzingelt.
Seit 2006 führt die Regierung Calderón einen so genannten Krieg gegen das organisierte Verbrechen und das Drogenbusiness. Im Rahmen dieser brutalen Strategie wurden weitere Bundesstaaten militarisiert. Die alltägliche Präsenz der Armee führt zu Ängsten und Unsicherheit beim Großteil der Bevölkerung, denn die Soldaten begehen zahlreiche Menschenrechtsverletzungen und immer wieder gibt es „Kollateralschäden", das heißt, dass völlig unbeteiligte Menschen bei Militäraktionen ums Leben kommen.
Trotz der massiven Militärpräsenz geht der Widerstand der Zapatistas und anderer sozialer Bewegungen weiter, jeden Tag, trotz Repression, Bestechung und Lügenkampagnen in den Medien...

Den Menschen in Mexiko wird zunehmend klar, dass die Politik der harten Hand von Felipe Calderón (oben) die Probleme nur vertieft hat. Immer mehr Menschen fordern Frieden, die Entmilitarisierung des Landes und eine ganz neue Politik.

Menschenrechtsbeobachtung in Chiapas

„Campamento civil por la paz" – „Ziviles Friedenscamp". Hier gastieren die Menschenrechtsbeobachterinnen und -beobachter.

Seit Mitte der 1990er Jahre haben über 7.000 Aktivistinnen und Aktivisten aus Mexiko und vielen Ländern der Welt als Freiwillige in den zivilen Friedenscamps in Chiapas gearbeitet. Die Camps wurden auf Initiative der Menschen in Chiapas eingerichtet, um gewalttätige Übergriffe gegen zapatistische Dörfer und andere Gemeinden im Widerstand zu dokumentieren und durch ihre Anwesenheit zu verhindern.

Die „Campamentistas" – so werden die Beobachterinnen und Beobachter genannt – werden in ihren Herkunftsländern und vor Ort auf ihren Einsatz vorbereitet. Sie fungieren quasi als 'Augen und Ohren der Welt'. Sie sollen sich keinesfalls einmischen, sondern sich neutral verhalten und nach ihrem Aufenthalt in der Gemeinde dem lokalen Menschenrechtszentrum Bericht erstatten. Die Menschen in den Dörfern sind sich sicher, dass dadurch schon viel Gewalt verhindert wurde.

Liebe Leser_innen,

zum Abschluss unserer „Kleinen Geschichte des Zapatismus" noch ein paar Zeilen: Es ist uns bewusst, dass es im Rahmen einer solchen Publikation immer wieder zu einer stark vereinfachten Darstellung der unterschiedlichen Themenbereiche kommt. Eine Aufnahme sämtlicher Aspekte dieser umfangreichen und ausdifferenzierten Bewegung würde zudem den besagten Rahmen sprengen.

Uns ist es wichtig zu betonen, dass wir die zapatistische Bewegung nicht „romantisiert" oder „idealisiert" darstellen möchten. Selbstverständlich gibt es in der Bewegung selbst zahlreiche Widersprüche. Selbstverständlich ist die Bewegung in der mexikanischen und globalen Linken nicht unumstritten. Selbstverständlich haben auch viele Unterstützer_innen der Zapatistas Fragen und Zweifel. Die Zapatistas haben bewiesen, dass es trotz widriger Bedingungen möglich ist, die eigenen Realitäten durch kontinuierliche Organisationsprozesse radikal zu verändern und rufen uns alle auf, dies auf globalem Niveau zu tun, je nach den örtlichen Gegebenheiten.

Wir verstehen das vorliegende Bändchen als einen Einstieg und wollen damit Appetit auf eine verstärkte Auseinandersetzung mit emanzipatorischen sozialen Bewegungen im Allgemeinen machen. Handlungsbedarf gibt es überall – auch vor unserer eigenen Haustür!

In diesem Sinne,
Luz Kerkeling und Findus

Zapatistische Links

CAREA e.V. (Berlin) // www.carea-menschenrechte.de
Homepage zur Menschenrechtsbeobachtung in Chiapas/Mexiko und Guatemala. Carea organisiert Vorbereitungsseminare und informiert umfassend

Chiapas98 – Menschenrechte in Chiapas // www.chiapas.eu
Äußerst umfangreiche Website zur E-Mailliste Chiapas98 mit durchsuchbarem Archiv, Download, Links etc.

Direkte Solidarität mit Chiapas (Schweiz) // www.chiapas.ch
Homepage auf deutsch, aktuell und mit guter Linkliste zur EZLN und Widerstand in Mexiko

Gruppe B.A.S.T.A. (Münster/BRD) // www.gruppe-basta.de
Homepage auf deutsch mit aktuellen Infos und Kommuniqués der EZLN, Mediothek, Solidaritätsmaterial

Libertad (Österreich) // www.chiapas.at
Homepage auf deutsch u.a. mit umfangreicher Chronologie zum zapatistischen Aufstand, Archiv der älteren EZLN-Kommuniques, Projekten und Material

Café Libertad (Hamburg) // www.cafe-libertad.de
Homepage rund um zapatistischen alternativ gehandelten Kaffee inkl. Bestellmöglichkeit

Radio Insurgente // www.radioinsurgente.org
Homepage des Radios der EZLN. Viele Sendungen, Jingles und Kommuniqués zum Download Infos und Musik (Spanisch).

CIEPAC Zentrum für ökonomische und politische Analysen // www.ciepac.org
Homepage (Chiapas) mit umgangreichen Texten zur Lage in Chiapas, Mexiko, zu Neoliberalismus und Militarisierung, teilweise deutschsprachig

SIPAZ Internationaler Friedensdienst // www.sipaz.org
Homepage (Chiapas) zur sozialen Lage in Chiapas, Oaxaca und Guerrero u.a. mit deutschsprachigen Berichten und Analysen

Indymedia Chiapas // chiapas.mediosindependientes.org
unabhängiges Medienzentrum mit Artikeln, Audios, Fotos, Video etc. (spanisch)

EZLN // www.ezln.org.mx
Offizielle Homepage der EZLN (Spanisch)

Regeneración Radio // www.regeneracionradio.org
Homepage (Mexiko-Stadt) mit umfangreichem Audio- und Textarchiv, immer hochaktuell

Revista Rebeldía //
www.revistarebeldia.org
Homepage der pro-zapatistischen mexikoweiten Zeitschrift

YA-BASTA-NETZ // www.ya-basta-netz.de.vu
Homepage des YA-BASTA-NETZ, ein Zusammenschluss von Gruppen und Einzelpersonen, die mit den Zapatistas solidarisch sind, aber vor allem 'hier' als außerparlamentarische Linke gegen Ausbeutung und Unterdrückung aktiv sind

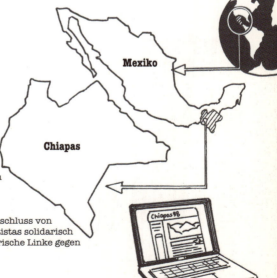

Weitere Informationsquellen

Bücher
John Holloway
Die Welt verändern, ohne die Macht zu übernehmen
2011, 254 S., 24,90 Euro,
ISBN 978-3-89691-514-6
Westfälisches Dampfboot –
www.dampfboot-verlag.de

Jens Kastner
Alles für alle!
Zapatismus zwischen Sozialtheorie,
Pop und Pentagon
2011, 160 S., 12,80 Euro, ISBN 978-3-942885-03-4
Edition Assemblage – www.edition-assemblage.de

Luz Kerkeling
La Lucha sigue – Der Kampf geht weiter
Ursachen und Entwicklungen des
zapatistischen Aufstands
2006, 334 S., 18 Euro, ISBN: 3-89771-026-9,
2. erw. und akt. Auflage.
Unrast Verlag – www.unrast-verlag.de

Gloria Muñoz Ramírez
EZLN: 20+10 – Das Feuer und das Wort
Das offizielle Jubiläumsbuch der Zapatistas
2004, 264 S., 18 Euro, ISBN: 3-89771-021-8
Unrast Verlag – www.unrast-verlag.de

Zwischenzeit e.V. (Dorit Siemers und Nikola Siller)
Das Recht glücklich zu sein.
Der Kampf der Zapatistischen Frauen
in Chiapas/Mexiko
Buch und Film (DVD 39 Min.) über das
„Erste Treffen der zapatistischen Frauen
mit den Frauen der Welt"
2009, 128 S., 16 Euro,
ISBN 978-3-00-029822-6
Zwischenzeit e.V. –
www.zwischenzeit-muenster.de

Luz Kerkeling
Resistencia – Umweltzerstörung, Marginalisierung und indigener Widerstand in Südmexiko,
2011, 400 S., 24 Euro,
ISBN: 978-3-89771-038-2
Unrast Verlag – www.unrast-verlag.de

Subcomandante Marcos
Die anderen Geschichten – Los Otros Cuentos
Erzählungen von Subcomandante Insurgente
Marcos, Relatos del Subcommandante Marcos
Übersetzung Katja Rameil
2010, 100 S., 14.80 Euro,
ISBN: 987-3-89771-036-8
Unrast Verlag – www.unrast-verlag.de

Zeitschrift
Tierra y Libertad
Nachrichten aus Chiapas, Mexiko und mehr
Zeitschrift vom Ya-Basta-Netz
in Zusammenarbeit mit
Café Libertad und Zapapres e.V.
erscheint 3-4 mal pro Jahr, 28 S., 1 Euro
www.tierra-y-libertad.de

Film
Zwischenzeit e.V.
(Heiko Thiele, Dorit Siemers und Luz Kerkeling)
Der Aufstand der Würde
Die zapatistische Bewegung in Chiapas/Mexiko
2007, DVD-Dokumentation 65 Min., 16 Euro
Zwischenzeit e.V. – www.zwischenzeit-muenster.de

Luz Kerkeling
La Lucha sigue – Der Kampf geht weiter
Ursachen und Entwicklungen des zapatistischen Aufstands

334 Seiten | 18.00 Euro | ISBN 3-89771-026-9
2. erw. und akt. Auflage.

Nicht nur in Lateinamerika inspirierte das »Ya Basta!« (dt.: Es reicht!) der Zapatistas die Menschen, sich fernab von Klientel- und Parteipolitik selbstbewusst und -bestimmt als Subjekte gegen Ausbeutungs- und Unterdrückungsmechanismen zu erheben.

Luz Kerkeling
¡RESISTENCIA!
Umweltzerstörung, Marginalisierung und indigener Widerstand in Südmexiko

ca. 400 Seiten | ca. 24 Euro | ISBN 978-3-89771-038-2
Erscheint September 2011

Die Konsequenzen der aktuellen gesellschaftlichen Entwicklungen im Kontext neoliberaler und militaristischer Politik aus der Perspektive der indigenen Widerstandsbewegungen in den südmexikanischen Bundesstaaten Chiapas, Oaxaca und Guerrero.

Enrique Rajchenberg S., Carlos Fazio (Hg.)
Rebellion X
Das Jahr des Streiks an der Universität in Mexiko-Stadt

224 Seiten | 13.00 Euro | 3-89771-009-9

Der Streik an der UNAM in Mexiko-Stadt hat international für Aufsehen gesorgt. Zum einen, weil die Forderungen der Streikenden weit über die rein universitären Belange hinausgingen, und zum anderen wegen der rigorosen Zerschlagung des Streiks.

UNRAST Verlag • Postfach 8020 • 48043 Münster
www.unrast-verlag.de • E-Mail: info@unrast-verlag.de

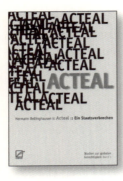

Herrmann Bellinghausen
Acteal – Ein Staatsverbrechen
176 Seiten | 13 Euro | ISBN 978-3-89771-040-5
Studien zur globalen Gerechtigkeit | band 1

Acteal, der Name eines Dorfes im Hochland von Chiapas, ist für viele Mexikaner_innen ein Synonym für das blutigste Massaker in der jüngsten Geschichte Mexikos. Am 22. Dezember 1997 wurden in dem von Tsotziles bewohnten Dorf 45 Menschen, darunter Kinder und schwangere Frauen, von Paramilitärs kaltblütig umgebracht.

Philipp Gerber
Das Aroma der Rebellion
Zapatistischer Kaffee, indigener Aufstand und autonome Kooperativen in Chiapas, Mexiko
196 Seiten | 14.00 Euro | ISBN 3-89771-023-4

Das Buch begleitet die zapatistischen Bauernfamilien ein Stück auf ihrem Weg – bei ihrer Arbeit auf den Kaffeefeldern sowie in ihrer Kooperative Mut Vitz. Dabei gewährt es Einblicke in die Geschichte des Kampfes um Land und Würde, in den entbehrungsvollen Alltag der indigenen Gemeinden und in die spannenden Prozesse innerhalb der Kooperative.

Georg Schön
Somos viento [Wir sind der Wind]
Globalisierte Bewegungswelten in Lateinamerika
192 Seiten | 16.00 Euro | ISBN 978-3-89771-033-7

Die in diesem Buch aufgearbeiteten und miteinander verwobenen Bewegungen, Kampagnen, Netzwerke und Allianzen führen in lateinamerikanische Bewegungswelten ein und offenbaren das Gerüst der Graswurzelglobalisierung.

UNRAST Verlag • Postfach 8020 • 48043 Münster
www.unrast-verlag.de • E-Mail: info@unrast-verlag.de

Subcommandante Marcos

Die anderen Geschichten | Los Otros Cuentos
Erzählungen von Subcomandante Insurgente Marcos |
Relatos del Subcommandante Marcos
Hardcover | inkl. Hörbuch-CD | Deutsch/Spanisch
100 Seiten | 14.80 Euro | ISBN 987-3-89771-036-8

Subcomandante Marcos, der auch als Schriftsteller bekannt ist, übersetzt in seinen Schriften die Sprache der Indígenas aus Chiapas, Mexiko, in eine Sprache, wie sie auch in der westlichen Welt und heutigen Zeit verständlich ist—ohne dass sie den Zauber ihrer Herkunft und jahrhundertealten Tradition einbüßt.

Gloria Muñoz Ramírez

EZLN: 20+10 - Das Feuer und das Wort
264 Seiten | 18.00 Euro | ISBN 3-89771-021-8
Großformatig, zahlreiche Abbildungen.

Das offizielle Jubiläumsbuch der Zapatistas

EZLN: 20+10 – Das Feuer und das Wort gibt, so Subcomandante Marcos, den bisher vollständigsten Überblick über das öffentliche Wirken der EZLN.
20 und 10 – das sind 20 Jahre Bestehen der EZLN, 10 Jahre Vorbereitung und 10 Jahre Krieg. Mitglieder der EZLN, aufständische Soldaten und Compañeros kommen zu Wort und erzählen auch aus ihrer persönlichen Sicht über die ersten zehn Jahre. Jahr für Jahr wird dann das öffentliche Agieren der EZLN nachgezeichnet, vom Augenblick des bewaffneten Aufstandes am 1. Januar 1994, dem Beginn des Krieges, bis hin zur Verkündung des ›Todes der Aguascalientes‹ und der ›Geburt der Caracoles‹ im Jahre 2003. Subcomandante Marcos äußert sich u.a. zum Krieg, zur Autonomie, zum ›Wort als Waffe und Schweigen als Strategie‹, zur Antiglobalisierungsbewegung, zu den zapatistischen Dörfern und zum Widerstand, zu ›einer Welt, in der alle Welten Platz haben‹...

»Viele Bilder und Stimmen der Akteure sowie eine gelungene Buchgestaltung mache es zu einem wichtigen Buch für all jene, di sich näher mit der Denk- und Lebensweise der Zapatisten beschäftigen.«
Elmar Lenzen, eins, Entwicklungspolitik Information Nord-Süd

UNRAST Verlag • Postfach 8020 • 48043 Münster
www.unrast-verlag.de • E-Mail: info@unrast-verlag.de